INSTRUCTION

SUR LA POLICE DES

CABARETS, AUBERGES

TOUS LES LIEUX PUBLICS

LE JEU DE HASARD,

L'IVRESSE PUBLIQUE ET MANIFESTE

Avec la jurisprudence de la Cour de cassation
sur tous les cas particuliers

PARIS

LÉAUTEY, Imprimeur – Libraire

24, rue St-Guillaume, 24

—

INSTRUCTION

SUR LA POLICE DES

CAFÉS, CABARETS, AUBERGES

ET DE TOUS LES LIEUX PUBLICS

LE JEU DE HASARD,

L'IVRESSE PUBLIQUE ET MANIFESTE

Avec la jurisprudence de la Cour de cassation

sur tous les cas particuliers

PARIS

—

LÉAUTEY, Imprimeur-Libraire

24, rue St-Guillaume, 24

—

ABRÉVIATIONS

A. C. Arrêt de la Cour de cassation,

C. P. Code pénal.

C. Civ. Code civil.

Art. Article.

INSTRUCTION

SUR LA

POLICE DES CAFÉS, CABARETS, AUBERGES

ET DE TOUS LES LIEUX PUBLICS
LE JEU DE HASARD, L'IVRESSE PUBLIQUE ET MANIFESTE

Loi du 17 juillet 1880
sur la police des cafés, cabarets et débits
de boissons (1).

Art. 1er. — Le décret du 29 décembre 1851 sur les cafés, cabarets et débits de boissons à consommer sur place est abrogé.

Art. 2. — A l'avenir, toute personne qui voudra ouvrir un café, cabaret ou autre débit de boissons à consommer sur place sera tenue de faire, quinze jours au moins à l'avance et par écrit, une déclaration indiquant :

1° Ses nom, prénoms, lieu de naissance, profession et domicile ;

2° La situation du débit ;

3° A quel titre elle doit gérer le débit et les nom, prénoms, profession et domicile du propriétaire, s'il y a lieu.

---

(1) Cette loi a été rendue applicable dans les colonies de la Martinique, la Guadeloupe, la Réunion, la Guyane, l'Inde, les îles Saint-Pierre et Miquelon, le Sénégal, les îles Mayotte et Nossi-Bé par décret du 2 janvier 1884, et à la Cochinchine par celui du 9 mai 1884.

Cette déclaration sera faite à la mairie de la commune où le débit doit être établi.

A Paris, elle sera faite à la préfecture de police.

Il en sera donné immédiatement récépissé.

Dans les trois jours de cette déclaration, le maire de la commune où elle aura été faite en transmettra copie intégrale au procureur de la République de l'arrondissement.

Art. 3. Toute mutation dans la personne du propriétaire ou du gérant devra être déclarée dans les quinze jours qui suivront.

La translation du débit d'un lieu à un autre devra être déclarée huit jours au moins à l'avance.

La transmission de ces déclarations sera faite aussi au procureur de la République de l'arrondissement, conformément aux dispositions édictées dans le précédent article.

Art. 4. — L'infraction aux dispositions des deux précédents articles sera punie d'une amende de 16 à 100 francs.

Art. 5. — Les mineurs non émancipés et les interdits ne peuvent exercer par eux-mêmes la profession de débitant de boissons.

Art. 6. — Ne peuvent non plus exploiter des débits de boissons à consommer sur place :

1° Tous les individus condamnés pour crimes de droit commun ;

2° Ceux qui auront été condamnés à un emprisonnement d'un mois au moins pour vol, recel, escroquerie, filouterie, abus de confiance, recel de malfaiteurs, outrage public à la pudeur, excitation de mineurs à la débauche, tenue d'une

maison de jeu, vente de marchandises falsifiées
et nuisibles à la santé, conformément aux articles 379, 401, 405, 406, 407, 408. 248. 330, 334.
410 du Code pénal et à l'article 2 de la loi du
27 mars 1851.

L'incapacité sera perpétuelle à l'égard de tous
les individus condamnés pour crimes. Elle ces-
sera cinq ans après l'expiration de leur peine à
l'égard des condamnés pour délits, si, pendant
ces cinq années, ils n'ont encouru aucune condamnation correctionnelle à l'emprisonnement.

ART. 7. — Les mêmes condamnations. lorsqu'elles seront prononcées contre un débitant
de boissons à consommer sur place, entraine-
ront de plein droit contre lui. et pendant le
même délai, l'interdiction d'exploiter un débit
à partir du jour où lesdites condamnations seront devenues définitives.

La même interdiction atteindra aussi tout débitant qui viendrait à être condamné à un mois
au moins d'emprisonnement, en vertu des art.
1er et 2 de la loi du 23 janvier 1873 pour la ré-
pression de l'ivresse publique.

Le débitant interdit ne pourra être employé,
à quelque titre que ce soit. dans l'établissement
qu'il exploitait. comme attaché au service de
celui auquel il aurait vendu ou loué, ou par qui
il ferait gérer ledit établissement. ni dans l'établissement qui serait exploité par son conjoint,
même séparé.

ART. 8. — Toute infraction aux dispositions
des art. 5, 6 et 7 sera punie d'une amende de
16 à 200 francs.

En cas de récidive, l'amende pourra être portée

jusqu'au double et le coupable pourra, en outre, être condamné à un emprisonnement de six jours à un mois.

Art. 9. — Les maires pourront, les conseils municipaux entendus, prendre des arrêtés pour déterminer, sans préjudice des droits acquis, les distances auxquelles les cafés et débits de boissons ne pourront être établis autour des édifices consacrés à un culte quelconque, des cimetières, des hospices, des écoles primaires, collèges ou autres établissements d'instruction publique.

Art. 10. — Les individus qui, à l'occasion d'une foire, d'une vente ou d'une fête publique, établiraient des cafés ou débits de boissons ne seront pas tenus à la déclaration prescrite par l'art. 2, mais il devront obtenir l'autorisation de l'autorité municipale.

En cas d'infraction à la présente disposition, le débit sera immédiatement fermé et le contrevenant puni de la peine portée en l'art. 4.

Art. 11. — Les infractions ou contraventions aux règlements de police continueront à être punies des peines de simple police.

Art. 12. — L'art. 463 du Code pénal sera applicable à tous les délits et contraventions prévus par les articles ci-desssus

Constatation des délits et des contraventions.

Les délits à constater en vertu de la loi du 17 juillet 1880 sont :

Absence de déclaration faite dans les conditions et dans les délais prescrits par les art. 2 et 3 de cette loi :

Profession de débitant exercée par des individus qui, aux termes des art. 5, 6 et 7, ne peuvent être autorisés à exploiter un débit de boissons :

Ouverture, à l'occasion d'une vente, d'une foire ou d'une fête publique, des cafés ou débits de boissons sans en avoir obtenu l'autorisation du maire. (Art 10).

Ces infractions étant passibles de peines correctionnelles, les procès-verbaux qui les constatent doivent être visés pour timbre, enregistrés en débet et adressés au procureur de la République.

Les contraventions aux règlements de police publiés par l'autorité administrative, ou aux arrêtés pris par l'autorité municipale, n'étant passibles que de peines de simple police, c'est-à-dire d'une amende de 1 à 5 francs (art. 471, n° 15, du Code pénal), les procès-verbaux qui les constatent doivent être visés pour timbre, enregistrés en débet et remis à la personne remplissant les fonctions du ministère public près le tribunal de simple police du canton. (Art. 298 du décret du 20 mai 1903.)

De la police des débits de boissons

1. Des règlements, soit préfectoraux, soit municipaux, peuvent fixer les heures avant et après lesquelles les débits de boissons ne doivent pas être ouverts.

2. Les arrêtés que les maires peuvent prendre pour réglementer la police des lieux publics doivent toujours être soumis à l'approbation des préfets et ne sont exécutoires qu'un mois après la date de leur réception à la préfecture.

3. L'arrêté par lequel un préfet règle la police des cabarets, cafés et débits de boissons, dans toutes les communes de son département, est obligatoire, comme rentrant dans les mesures d'ordre public et de sûreté générale que l'article 9 de la loi du 18 juillet 1847 place dans les attributions des préfets. (A. C. 26 janvier 1856.)

4. Les arrêtés pris par les préfets pour réglementer, dans toute l'étendue de leurs départements, la police des cabarets, cafés et débits de boissons s'appliquent même aux communes ayant déjà un règlement municipal sur le même objet, sans qu'il soit besoin que ce règlement ait été rapporté ou que l'exécution en ait été suspendue. (A. C. 17 mai 1861.)

5. En pareil cas le règlement municipal se trouve abrogé en tous les points sur lesquels l'arrêté du préfet contient une disposition plus rigoureuse ; spécialement, la disposition de l'arrêté préfectoral fixant à 10 heures du soir la fermeture des lieux publics abroge l'article du règlement local qui n'exige cette fermeture qu'à 10 heures et demie. (Même arrêt.)

6. Toutefois, il appartient au préfet d'excepter de l'application des arrêtés de cette nature les communes ayant déjà un règlement municipal sur le même objet, et, dans ce cas, le règlement municipal reste en vigueur, même quant à celles de ses dispositions qui sont moins rigoureuses que celles de l'arrêté préfectoral, (A. C. 7 mars 1857, 13 avril 1861.)

7. Les mesures concernant la police des débits de boissons peuvent être appliquées par les préfets et les maires non seulement aux cafés et cabarets, mais aussi dans les hôtels et restaurants. Il en est ainsi, spécialement, de celles qui ont pour objet la détermination de l'heure à laquelle les consommateurs étrangers à l'établissement devront être renvoyés ou devront se retirer d'eux mêmes. (A. C. 16 mai 1893.)

8. Les spectacles-concerts qui peuvent être annexés aux cafés et autres établissements de ce genre restent soumis au régime de l'autorisation municipale. (A. C. 13 juillet 1893.)

9. Le maire puise dans les pouvoirs de police qui lui sont propres et qu'il exerce sous le contrôle du préfet le droit de fixer l'heure de fermeture des cabarets à 9 heures du soir. Cet arrêté d'ailleurs n'est pas inconciliable avec un arrêté préfectoral antérieur qui s'est borné à poser en principe pour tout le département que les cabarets ne resteront nulle part ouverts au delà de minuit.

L'arrêté municipal susvisé, en ajoutant que des permissions spéciales et permanentes de rester ouverts jusqu'à minuit pourront être accordées aux débitants qui n'auraient pas introduit dans leurs établissement de femmes étrangères à la famille, ne crée pas un privilège arbitraire au profit de certains établissements particulièrement. (A. C. 4 août 1893.)

10. L'autorisation donnée par le maire de laisser un cabaret ouvert après l'heure fixée par arrêté préfectoral pour toute l'étendue du département doit être considérée comme non avenue si elle n'a pas été soumise à l'approbation du préfet ou du sous-préfet, et il ne peut être tenu compte à l'inculpé de la conviction où il se trouvait que la permission du maire avait été régularisée par l'assentiment de l'autorité supérieure, l'excuse de la bonne foi n'étant pas admise en matière de contravention. (A. C. 11 novembre 1875.)

11. En règle générale, le maire ne peut accorder aucune dispense si le règlement sur la police des débits de boissons ne lui a pas expressément réservé cette faculté ; il ne peut en outre en user que d'une manière générale et en faveur de tous les débitants de boissons de la commune. Et quand même le règlement sur la fermeture des lieux publics en vigeur dans la localité émanerait non du préfet, mais du maire lui-même, celui-ci ne peut accorder une dispense particulière à un établissement. (A. C. 4 janvier 1862, 30 juillet 1875 17 mai 1877, 11 janvier 1878 et 15 décembre 1893.)

12. La permission de fermer après l'heure réglementaire, régulièrement accordée, sur la demande d'une société de musique (le jour de la sainte Cécile), à un établissement où cette société donnait un repas suivi de bal et de divertissements, a, par sa nature, un caractère personnel et limitatif. Dès lors, c'est

à tort que le juge de police, sous prétexte qu'une telle permission devait profiter à tous les débitants de la commune, a refusé de condamner, comme contrevenant un cabaretier voisin, qui le jour indiqué, avait cru pouvoir, lui aussi, fermer après l'heure prescrite par l'arrêté. (A. C. 15 février 1879.)

13. Si un arrêté préfectoral prescrit que les prolongations exceptionnelles pour la fermeture des lieux publics ne peuvent être accordées par l'autorité municipale qu'à l'occasion de « réunion de société », cette autorisation ne saurait être donnée lorsqu'il s'agit de « fêtes d'amis ». Ces dernières ne rentrent pas, en effet, dans les réunions de sociétés. Le mot « société » désigne, dans l'espèce, non des personnes dont les relations seraient plus ou moins habituelles et intimes, mais un ensemble d'individus formant un corps et tendant, par une action commune, à un but déterminé. (A. C. 9 novembre 1893.)

14. Lorsqu'un arrêté préfectoral prescrit que les maires pourront autoriser l'ouverture de débits de boissons pendant toute la nuit, pour des bals de noce ou de société, ces autorisations ne sauraient être délivrées que par le maire ou, à son défaut, par le magistrat municipal le remplaçant et non par de simples employés de mairie. Si un de ces employés accordait une de ces autorisations, il n'appartiendrait pas au maire de la valider en l'approuvant après coup. (A. C. 2 mars 1893.)

Lorsque l'autorisation d'ouvrir pendant la nuit a été accordée à un débitant à la charge d'en informer le commissaire de police et la gendarmerie, l'inobservation de cette condition essentielle vise l'autorisation et ne permet pas au juge de police d'en tenir compte. (Même arrêt.)

15. Les arrêtés municipaux sont obligatoires, même pour le maire dont ils émanent, en ce sens spécialement que ce magistrat n'a pas le pouvoir de dispenser de leur exécution. (A. C. 12 décembre 1846, 8 novembre 1851, 6 janvier 1854, 3 août 1855, 25 mars 1865 et 15 décembre 1893.)

16. Et il n'y pas lieu de distinguer entre les dispenses écrites et les dispenses verbales. (A. C. 3 août 1855 et 8 août 1860.

17. Une dérogation temporaire a un arrêté général et permanent du préfet (fixant, par exemple, pour toutes les communes du département l'heure de fermeture des lieux publics) n'a pu légalement être édictée pour une commune par un arrêté du maire, même approuvé par le sous-préfet, lorsque le droit d'établir de telles dérogations n'a pas été positivement réservé aux maires par l'arrêté préfectoral. à et, plus forte raison, lorsqu'il leur a été implicitement refusé par cette arrêté préfectoral. (Loi du 18 juillet 1837, art. 9. A. C. 4 janvier 1862.)

18. En dehors du cas où il s'agit de la location de la salle d'un café ou cabaret à une réunion privée telle qu'une noce, le maire ne peut accorder la dispense de fermeture qu'à deux conditions : il faut que le règlement sur la police des débits de boissons lui ait expressément réservé cette faculté ; de plus, il ne peut en user qu'au profit de tous les débitants de boissons de la commune. Les dispenses particulières sont nécessairement illégales, quand même le règlement sur la fer-

meture des lieux publics, en vigueur dans la localité, émanerait non du préfet mais du maire lui-même. (Cass. 4 janvier 1862 ; 30 juillet 1875 et 17 mai 1877.)

19. *Militaires*. — L'autorité municipale peut, pour venir en aide aux dispositions par lesquelles l'autorité militaire interdit aux sous-officiers et soldats de rester dans les établissements publics après certaines heures. interdire aux cafetiers et cabaretiers de recevoir ou garder chez eux des militaires après l'heure de la retraite battue pour la garnison (A. C. 23 novembre 1860.)

20. *Mesures prises dans l'intérêt des mœurs.* — Le droit accordé aux préfets d'ordonner la fermeture d'un débit de boissons toutes les fois que l'ordre et les bonnes mœurs y sont intéressés, implique nécessairement le droit de prendre. à l'égard des débits de boissons, les mesures propres à protéger l'ordre et les bonnes mœurs.

21. Par suite, la défense faite aux débitants de boissons de tolérer chez eux des filles ou femmes enregistrées est légale et obligatoire. (A. C. 19 novembre 1857 et 16 avril 1863.)

De l'évacuation à l'heure de la retraite des débits de boissons proprement dits.

22. Les dispositions relatives aux heures de fermeture sont celles qui occasionnent le plus grand nombre de contraventions.

23. La jurisprudence n'admet aucune autre

excuse que celle qui serait tirée de la force majeure, par exemple s'il était établi que des buveurs ont mis un cabaretier dans l'impossibilité de fermer sa porte à l'heure prescrite. A. C 27 juillet 1897.)

24. Un contrevenant ne saurait être excusé par le motif qu'il était de bonne foi et qu'il est bien famé. (A. C. 24 mai 1873).

25.... Que les consommateurs n'étaient restés que très peu de temps après l'heure. (A. C. 13 décembre 1834.)

26.... Que le cabaretier était occupé à faire sortir le public. (Même arrêt.)

27.... Que les personnes trouvées après l'heure étaient des parents et des amis du cabaretier. (A. C. 5 février 1846, 7 mai 1853 et 13 avril 1866.)

28.... Qu'elles étaient venues pour des affaires. (A. C. 4 février 1831 et 11 février 1859.)

29.... Qu'elles étaient invitées par le cafetier et qu'elles n'ont rien payé. (A. C. 20 mai 1823 et 14 février 1840.

30.... Qu'il buvait avec son jardinier venu pour régler un compte, et, cela bien que la devanture de son établissement fût fermée. (A. C. 3 mars 1876.)

31.... Que les personnes trouvées chez lui étaient des amis invités à dîner et non des habitués du café. (A. C. 5 février et 17 février 1855)

32. Le règlement qui fixe une heure pour la fermeture des cabarets prohibe pour cela même, à partir de l'heure indiquée, toute livraison de boissons, même de celles destinées à être emportées à domicile. (A. C. 16 juin et 3 août 1855.)

33. La défense de donner à boire après une heure déterminée implique nécessairement celle de conserver des buveurs après cette même heure. En conséquence, le cabaretier dans l'établissement duquel des individus ont été trouvés en train de boire du vin après l'heure fixée par un arrêté municipal ne peut être excusé sous prétexte que le vin leur avait été servi avant cette même heure. (A. C. 22 novembre 1856.)

34. Le règlement fixant une heure pour la fermeture des débits de boissons doit être interprété en ce sens qu'il exige, à l'heure fixée, non pas simplement la cessation de la consommation, mais la clôture même des portes de l'établissement. (A. C. 3 mars 1859.)

35. Par suite, le cabaretier dans l'établissement duquel, après l'heure réglementaire de fermeture, ont été trouvés des habitants de la localité, même ne consommant pas, doit être déclaré en contravention. (A. C. 2 janvier 1864.)

36. Il y a contravention par cela seul que la porte du cabaret à été trouvée ouverte après l'heure de fermeture réglementaire, sans qu'il soit nécessaire que la présence des buveurs ou des personnes étrangères à l'établissement soit également constatée par le procès-verbal. (A. C. 4 juin 1858 et 11 mai 1867.)

37..... Et même dans le cas où il est établi que le rédacteur du procès-verbal n'y a rencontré aucun consommateur. (**A. C.** 18 janvier 1859,)

38. Ainsi, le cafetier dont l'établissement a été, après l'heure de fermeture, trouvé éclairé et ouvert par les portes donnant sur la rue ne peut être excusé, bien qu'il n'eût gardé aucun

consommateur. sous prétexte qu'il n'avait ouvert que pour son usage et pour aérer. (A. C. 19 novembre 1858.)

39. Un cabaret n'est fermé, dans l'esprit des réglements qui prescrivent la fermeture des lieux publics, que lorsque la porte de l'établissement est effectivement close et non pas lorsque cette porte est seulement fermée au loquet, encore bien que les jeux et consommations auraient cessé. (A. C. 17 mai 1862.)

40 L'infraction résultant d'une fermeture en retard ne peut être excusée sous prétexte qu'elle aurait été commise le jour de la fête patronale. et qu'il était vraisemblable que le maire avait toléré. dans une telle circonstance, l'inexécution du réglement, puisque d'autres contrevenants. en fort grand nombre, n'avait pas été poursuivis. (A. C. 14 novembre 1851.)

41..... ni un jour de fête nationale. (A. C. 1er décembre 1855.)

42. — La circonstance que le cabaretier ne savait pas que l'heure fût passée ne fournit pas une excuse. Ainsi, le juge ne peut fonder l'acquittement du cabaretier sur ce que, son horloge étant en retard sur celle de la ville, il était de bonne foi. (A. C. 21 décembre 1869, 1er mars 1861 et 5 décembre 1863,)

43.... Ou sur ce qu'il n'existerait pas d'horloge communale et qu'il ne serait point d'usage de sonner la retraite, (A. C. 2 août 1849.)

44. Des individus contre lesquels un procès-verbal a été dressé pour séjour dans un cabaret au delà de l'heure réglementaire ne peuvent, alors que sur ce point le procès-verbal n'a pas été débattu par la preuve contraire, être relaxés

de la poursuite par le motif qu'il était incontestable que l'horloge de la mairie se dérangeait depuis quelque temps d'une manière assez sensible, et que par conséquent, le procès-verbal n'affirmait pas d'une manière certaine l'heure du constat. (A. C. 21 février 1863.)

45. Dans le cas où l'arrêté dispose que les débits de boissons seront fermés à l'heure de la retraite, laquelle heure est en même temps déterminée, le juge de police ne peut s'abstenir de condamner le cabaretier trouvé en contravention, sous prétexte que la retraite n'a point été sonnée. (A. C. 20 septembre 1851, 17 février, 27 avril 1855 et 2 mars 1866.)

46..... Ou que le cabaretier était de bonne foi, et que, par exemple, il attendait que le couvre-feu sonnât pour fermer son établissement. (A. C. 12 août 1853.)

47, Le peu d'importance du retard ne saurait être pris en considération. Ainsi, est illégalement motivé l'acquittement fondé sur ce que, depuis l'heure déterminée par l'arrêté, il s'était écoulé un temps si court 20 minutes) que si l'on en tenait compte, le fait de la contravention, alors. d'ailleurs, que le procès-verbal n'indique pas de quelle manière l'heure a été constatée, dépendrait du plus ou moins d'exactitude d'une horloge ou d'une montre. (A. C. 23 novembre 1850.)

48.... Ou sur ce que, dix minutes s'étant écoulées depuis le moment où il aurait dû fermer, le cabaretier avait pu croire que l'heure réglementaire n'avait pas sonné, et était ainsi de bonne foi. (A. C. 5 novembre 1863.)

49. Ainsi, également, le cabaretier chez lequel

dix minutes après l'heure réglementaire, ont été trouvés des consommateurs, ne peut, non plus que ceux-ci, être relaxé de la poursuite, sous prétexte que lesdits consommateurs n'avaient pris que le temps moralement nécessaire pour payer leur dépense et se disposaient à sortir au moment où le procès-verbal leur a été déclaré. (A. C. 11 mars 1864.)

L'obligation de fermer à l'heure réglementaire s'applique non seulement aux salles affectées aux consommateurs. mais aussi aux autres pièces de l'établissement. (A. C. 17 mai 1862.)

50. Ainsi, un cabaretier dont la salle principale a été évacuée doit être déclaré en contravention lorsque des consommateurs ont été trouvés dans une pièce réservée à son usage personnel. (A. C. 28 avril 1859.) Et par exemple, dans la cuisine attenante à l'établissement (A. C. 13 avril 1866.)

51. A cet égard, une chambre louée au-dessus d'un café par des habitués de l'établissement, et dans laquelle ceux-ci, à la faveur d'une communication directe, se font apporter des boissons. même après l'heure de fermeture. doit être considérée comme une dépendance du café soumise par suite, comme l'établissement lui-même, aux dispositions qui ordonnent à une heure désignée l'évacuation des débits de boissons. (A. C, 31 juillet 1862.)

52. Mais lorsqu'un propriétaire, qui loue dans sa maison des chambres ou appartements garnis tient au rez-de-chaussée un café ou cabaret, la circonstance que des consommateurs ont été trouvés dans la chambre d'un de ses locataires après l'heure où les consommations

doivent cesser dans les débits de boissons ne peut le faire déclarer en contravention aux règlements sur la fermeture des cafés et cabarets, si son établissement a été fermé en temps utile et si la chambre dont il s'agit, occupée depuis plusieurs mois par le locataire, n'est pas une dépendance déguisée du café ou cabaret qu'il exploite. (A. C. 5 avril 1866.)

53. L'obligation de fermer leur établissement à l'heure réglementaire est imposée aux cafetiers et cabaretiers aussi bien à l'égard des personnes qui sont avec eux dans des rapports de parenté et d'amitié qu'à l'égard du public proprement dit. Par suite, il y a contravention dans le fait d'un cabaretier d'avoir gardé dans la cuisine de l'établissement des personnes étrangères, sans qu'il y ait à rechercher si ces personnes étaient des consommateurs. (A· C. 17 mai 1862.)

54. Le juge de police ne peut donc avoir égard à cette circonstance que les individus trouvés attablés chez un cabaretier à une heure indue étaient des gens connus et du pays, qui passaient paisiblement la soirée chez celui-ci. (A. C. 18 avril 1845.)

55..... Ou que ces personnes étaient ses voisins et non des consommateurs. (A. C. 12 janvier 1850.)

56..... Ou encore qu'elles étaient des parents et amis du cabaretier, invités par lui. (A. C. 5 février 1845. 7 mai 1853. 10 octobre 1856, 10 juillet 1865 et 13 avril 1866.)

57..... Ou encore que ces personnes étaient des voyageurs en cours de route demandant à se reposer et à se rafraîchir. (Voir n° 84.)

58. Il en est ainsi alors même que ces parents ou amis se trouvaient réunis chez le cabaretier à l'occasion d'une fête privée. (A. C. 2 décembre 1848.)

59. La circonstance que l'individu qui se trouvait dans un café après l'heure fixée n'y était venu que pour une cause accidentelle et absolument étrangère au but de cet établissemen ne fait pas disparaître la contravention. (A. C. 15 juillet 1852.)

60. Ainsi, un cabaratier ne peut utilement alléguer comme justification que les buveurs trouvés attablés étaient des ouvriers employés à des travaux intérieurs de sa maison et qu'il avait, comme maître de maison, invités à se rafraîchir. (A. C. 10 mars 1848.)

61. De même des individus trouvés consommant de l'eau-de-vie dans une auberge, après l'heure de fermeture ne peuvent échapper aux poursuites en demandant à prouver qu'ils avaient été invités par l'aubergiste à prendre avec lui un petit verre, en reconnaissance de services qu'ils venaient de lui rendre. (A. C. 4 novembre 1864.)

62. Le propriétaire du café ou cabaret est en contravention bien que l'infraction au règlement sur la fermeture des établissements publics ait été commise en son absence par son fils ou son préposé.

63. *Consommateurs.* — Lorsque l'arrêté qui fixe l'heure de fermeture de cabarets, cafés, etc., ne contient aucune disposition à l'égard des personnes qui sont trouvées dans ces établissements après l'heure fixée, celles-ci ne peuvent être considérées comme étant en con-

travention et ne sont, dès lors passibles d'aucune peine. (A. C. 26 février 1857.)

64. Mais lorsque le règlement défend aux consommateurs d'y séjourner passé une certaine heure, la fréquentation des cafés et cabarets, après l'heure de fermeture constitue une contravention, aussi bien de la part des consommateurs que de celle de l'hôte qui les reçoit. A. C. 4 mars 1848.)

65. La défense faite à tout particulier de séjourner dans les cafés cabarets, après l'heure de fermeture, trouve sa sanction pénale dans les dispositions de l'art. 471, n° 15 du Code pénal, et la contravention commise par les consommateurs ne comporte pas l'excuse de la bonne foi. (A. C. 1er septembre 1859.)

66 Ainsi les règlements de police peuvent légalement atteindre les consommateurs eux-mêmes. Il peut être défendu aux particuliers d'entrer dans les débits pendant les heures de fermeture, et ordonné à toute personne de se retirer à l'heure fixée. (A. C. 25 juillet 1856.)

67. Les personnes trouvées après cette heure ne sauraient être acquittées par le motif qu'elles étaient occupées à régler leur compte, qu'elles étaient en retard seulement de quelques minutes, qu'elles étaient restées sans opposition du maître de l'établissement. (A. C. 16 octobre 1844.)

68..... Qu'elles ignoraient l'heure et seraient sorties à la première réquisition. (A. C. 3 décembre 1825.)

69..... Qu'elles s'étaient mises à l'abri du froid en attendant le départ d'un convoi de chemin de fer. (A. C. 11 février 1873.)

70. Mais pour que les consommateurs soient

considérés comme contrevenants, il faut que l'arrêté les vise. (A. C. 1er février 1873.)

De l'évacuation, à l'heure de la retraite, des établissements mixtes, tels que cafés-hôtels, auberges-cabarets, etc., et des auberges.

71 Les dispositions relatives à la fermeture des cafés et cabarets, pendant la nuit sont applicables aux établissements mixtes qui sont à la fois auberges et cabarets, et, en général, aux débits de boissons annexés, même accessoirement à un autre commerce. (A. C. 27 novembre 1858, 2 avril 1864 et 21 juillet 1870.)

72..... Alors surtout que le règlement, par une disposition spéciale, n'excepte des personnes qui ne peuvent être gardées dans un établissement, aux heures et pendant le temps qu'il interdit, que les voyageurs qui viennent y prendre gîte. (A. C. 26 janvier 1856.)

73. En conséquence la contravention à un tel arrêté, de la part d'un individu qui est en même temps cabaretier et aubergiste, ne peut être excusée sous le prétexte que le règlement ne concerne que les simples cabaretiers. (Même arrêt.)

74. L'aubergiste poursuivi à raison de ce que des individus ont été trouvés consommant dans une auberge, après l'heure de fermeture, ne peut être excusé sous prétexte que ces individus étaient reçus à titre d'amis. A. C. 7 novembre 1856.)

75. Mais les prescriptions relatives à la fer-

meture des cabarets à l'heure réglementaire, et à la défense d'y séjourner après cette heure, ne s'appliquent pas aux auberges en ce qui concerne la réception des voyageurs. (A. C. 12 décembre 1862.)

76. Des aubergistes à la différence des cabaretiers et des débitants de boissons, peuvent donc, après l'heure de fermeture, recevoir sans contravention, non seulement les voyageurs qui viennent prendre gîte, mais aussi les individus en cours de route qui demandent à se restaurer et à faire reposer leur attelage. (A. C. 9 juillet 1859 et 5 juin 1862.)

77. Cette exception, résultant de la nature des choses, est avec raison admise par le juge de police, dans le cas même où les règlements locaux ne s'en expliquent pas. (A. C. 29 novembre 1862.)

78. Doivent à cet égard être considérés comme voyageurs : soit le propriétaire cultivateur qui s'est arrêté dans une auberge la nuit par nécessité, par besoin de nourriture pour lui et ses chevaux, et à la suite d'une longue route qu'il venait de faire pour les besoins de son exploitation agricole. (A. C. 12 décembre 1882.)

79..... Soit les individus voyageant à pied qui, en cours de route, demandent à faire un repas et non loger. (A. C. 17 février 1859.)

80..... Soit les voituriers qui se sont arrêtés en cours de route dans une auberge d'une commune à laquelle ils sont étrangers, pour y prendre pour eux et leurs chevaux, suivant leur habitude, la nourriture et le repos. (A. C. 29 novembre 1862.)

81..... Soit les individus revenant d'une

foire et se rendant dans une localité plus éloi--
gnée, qui au milieu de la nuit, ne se sont arrêtés dans un hôtel que pour s'y rafraîchir et y
faire manger l'avoine à leurs chevaux. (A. C.
14 août 1845 et 26 février 1857.)

82. De ce que les aubergistes ont le droit de
recevoir des voyageurs toute la nuit, il n'en
résulte pas qu'ils peuvent conserver leur établissement ouvert toute la nuit. En laissant son
établissement ouvert, un aubergiste commet une
contravention qui ne peut être excusée par le
motif qu'au moment où elle a été constatée il
attendait des voyageurs. (A. C. 26 janvier 1856.)

83. Toutefois, le fait d'un cabaretier-logeur
d'avoir un moment tenu la porte de son établissement ouverte après l'heure de fermeture réglementaire est avec raison considéré comme ne
constituant aucune contravention s'il est établi
que c'était exclusivement pour livrer passage
aux personnes domiciliées chez lui comme voyageurs ou locataires. (A. C. 17 novembre 1855,
4 juillet 1861.)

84 Les simples consommateurs doivent, à
l'heure de fermeture, évacuer les auberges
comme les débits de boissons proprement dits.
Quant aux voyageurs et aux pensionnaires lo-
gés dans la maison, l'injonction de l'arrêté ne
s'oppose pas à ce qu'il leur soit servi par l'aubergiste. passé l'heure de retraite, des repas ou
même seulement des boissons. soit dans leur
chambre, soit dans la salle livrée durant le jour
au public. A. C. 15 mars 1855, 8 janvier 1857
et 21 décembre 1857.)

85. Dans un arrêté réglant la fermeture des
cafés, cabarets et débits de boissons pendant la

nuit, l'exception relative à la réception des voyageurs qui viennent prendre gîte ne s'applique, par sa nature même, qu'aux cabaretiers qui sont en même temps logeurs de profession. (A. C. 4 juin 1858.)

86, Si ces derniers peuvent, sans contravention, ouvrir leur établissement aux voyageurs en cours de route qui viennent soit y prendre gîte dans le sens de ce mot, soit même simplement y faire une pause ou un séjour dans le but unique de se sustenter, il n'en est pas de même de ceux qui se bornent à tenir cabaret ; à leur égard, l'obligation de la fermeture pendant le temps réglementaire est absolue. (Même arrêt.)

87. Et dès lors, il ne suffit pas, pour faire disparaitre la contravention, qu'il soit établi que les personnes trouvées dans un cabaret après l heure de fermeture étaient les étrangers à la commune qui avaient demandé à s'y arrèter pour se sustenter, il faut encore qu'il soit constaté par le jugement que le cabaretier est en même temps et notoirement aubergiste, hôtelier ou logeur. (A. C. 13 août 1846 et 4 juin 1858.)

88. Ainsi, l'exception concernant la réception des voyageurs dans les auberges ne peut être appliquée au cabaretier, qui ayant gardé dans son établissement des consommateurs après l'heure réglementaire, allègue, soit que ces consommateurs, étaient des pensionnaires ou des voyageurs, les aubergistes seuls pouvant être autorisés à recevoir dans leurs établissements des voyageurs attardés. (A. C. 5 novembre 1863.)

89..... Soit que ces consommateurs étaient des comédiens sortant de leur représentation qui, à raison du voisinage, étaient entrés chez lui pour se désaltérer, et qu'il leur avait même donné du pain à emporter. (A. C. 28 juin 1856.)

90. De même, le cabaretier qui réunit à l'exploitation de son débit de boissons l'exercice d'une profession autre que celle de logeur, telle que celle de charpentier, ne peut, sans contravention, recevoir dans son établissement, après l'heure réglementaire de fermeture, même les personnes qui viennent régler des affaires personnelles et lui faire des commandes de travaux. (A. C. 2 avril 1864.)

91. Les aubergistes ou logeurs sont obligés de tenir un registre pour inscrire les noms des voyageurs qui séjournent plus de 24 heures chez eux. (Voir n° 99.)

Distinctions à établir.

92. *Cercle.* — Les arrêtés municipaux sur l'heure de la fermeture des lieux publics sont inapplicables aux cafés établis dans l'intérieur d'un cercle régulièrement ouvert, et dans lesquels le public n'est point admis. (A. C. 21 juin 1850 et 12 septembre 1852.)

93. *Buffets.* —..... et aux buffets des gares de chemins de fer, ceux-ci étant soumis aux décrets et arrêtés relatifs à la police des chemins de fer. (A. C. 2 juillet 1870.)

94. *Liquoriste, traiteur ou confiseur.* — Le règlement municipal qui prescrit la fermeture à une heure déterminée des cabarets et autres lieux publics est applicable à la boutique d'un confiseur ou d'un traiteur qui vend des pâtis-

series et des liqueurs dont la consommation se fait dans sa maison. (A. C. 4 mars 1853.)

95. *Débit de tabac.* — Le débitant de tabac qui ne vend pas à boire n'est soumis au règlement de police sur les cafés, cabarets, etc., que s'il y a une condition spéciale à ce sujet dans l'arrêté local.

Surveillance de la gendarmerie.

96. Bien que la constitution de l'an VIII, art. 76, dispose que, pendant la nuit. nul n'a le droit d'entrer dans la maison d'un habitant que dans le cas d'incendie ou d'inondation ou de réclamation faite de l'intérieur, cependant, un arrêt de la Cour de cassation, en date du 22 novembre 1872, a reconnu aux officiers de police le droit de s'introduire dans les débits de boissons à tout moment où il s'y trouve une portion du public, fût-ce après l'heure à laquelle l'établissement devrait être fermé pour tous. dans le cas où il y aurait une contravention au moins à constater ou à faire cesser

97. « Le principe de l'inviolabilité de domicile, est-il dit dans cet arrêt, ne peut protéger les débitants qu'autant qu'ils se conforment eux-mêmes aux devoirs de leur profession et aux règlements de police. Le règlement qui prescrit la fermeture est enfreint, lors même que la porte serait fermée, lorsque des buveurs sont reçus ou gardés pendant la nuit; et si les gendarmes ne peuvent entrer après l'heure réglementaire dans le seul but de voir s'il n'y a pas une contravention, il en est autrement lorsqu'ils constatent de l'extérieur des circons-

tances d'où résulte une grave présomption d'infraction ; sinon, il suffirait de fermer la porte et de refuser de l'ouvrir pour s'assurer l'impunité. »

98. Il a été jugé également que deux gendarmes qui ont entendu jouer au billard, après l'heure de clôture fixée par un arrêté du maire, dans un café dont les portes étaient fermées, ont pu valablement, malgré le refus qui leur a été fait de leur ouvrir, dresser procès-verbal de la contravention. (A. C. 30 avril 1846.)

99. La gendarmerie doit visiter les auberges, cabarets et autres maisons ouvertes au public. Elle doit se faire représenter, par les aubergistes et logeurs, leurs registres d'inscriptions des voyageurs. Ces registres sont sur papier timbré, et les gendarmes auxquels ils sont présentés doivent les viser et les dater de façon qu'on ne puisse pas faire de nouvelles inscriptions pour séjour antérieur à la date du visa. (Art. 168 du décret du 20 mai 1903.)

Les oublis ou négligences dans la tenue de ces registres doivent être constatés par des procès-verbaux qui sont remis au maire ou au commissaire de police. La peine encourue en pareil cas est une amende de 6 à 10 fr. (Art. 465 du Code pénal et loi du 13 brumaire an VII.) Le refus d'exhibition de ces registres est puni de la même peine, sans préjudice des cas de responsabilité prévus par les art. 73 du Code pénal et 1952 et 1953 du Code civil.

100. *Liberté de profession.* — La loi du 2 mars 1791, art. 7, a établi le principe de la liberté du commerce et de l'industrie. Il s'ensuit qu'un aubergiste ne peut être obligé à recevoir, même

sur réquisition de la gendarmerie, un individu couché et mourant de faim sur la route. (A. C. 17 juin 1853.)

101. Il a été jugé de même que le refus par un aubergiste de recevoir un mendiant malade n'est pas punissable. (A. C. 2 juillet 1867.)

102. *Enseigne.* — Des règlements préfectoraux ou municipaux peuvent ordonner d'entretenir sur la porte des auberges, cafés et cabarets et autres lieux ouverts au public une enseigne et un éclairage déterminés. (A. C. 12 juillet 1838 et 22 novembre 1872.)

102. *Désordre.* — .... Ils peuvent également ordonner d'avertir des désordres qui auraient lieu dans ces établissements. (A. C. 15 mars 1855.)

Maisons garnies.

104. Loi du 19-22 juillet 1791, titre 1er, art. 5, reproduite et sanctionnée par l'art. 475, n° 2, du Code pénal a fixé les obligations auxquelles sont soumises les personnes qui tiennent des maisons garnies. Dans les villes et campagnes, les aubergistes, hôteliers, logeurs ou loueurs de maisons garnies sont tenus d'inscrire de suite et sans aucun blanc, sur un registre tenu régulièrement, c'est-à-dire paraphé par un officier municipal ou un commissaire de police, les noms, qualité, domicile habituel, date d'entrée et de sortie de tout individu qui aurait couché ou passé une nuit dans leur maison. Ils doivent, en outre, représenter ce registre aux époques déterminées par les règlements, et toutes les fois qu'ils en sont requis, aux maires, adjoints,

officiers ou commissaires de police et aux sous-officiers brigadiers et gendarmes.

105. La contravention à l'une des dispositions précédentes est punie d'une amende de 6 à 10 fr. inclusivement. (C. P. Art. 475 n° 2.)

En cas de récidive, la peine de l'emprisonnement pendant cinq jours au plus peut être prononcée. (C. P., art. 478.)

106. Comme la profession de logeur est une de celles qui intéressent le plus le bon ordre, l'autorité administrative a le devoir d'édicter des règlements sévères pour assurer la sûreté publique, en facilitant la recherche des individus que la justice a intérêt à découvrir.

Voici, à cet effet, les dispositions généralement adoptées dans les villes :

107. Toutes personnes qui veulent exercer la profession d'aubergiste ou de logeur en garni sont tenues d'en faire préalablement la déclaration à la mairie et la renouveler toutes les fois qu'elles changent de domicile.

108. Il leur est enjoint de placer extérieurement sur la porte d'entrée principale une enseigne portant, en caractères apparents, la désignation de la profession d'aubergiste ou de logeur et indiquant que tout ou partie de la maison est louée en garni. Ils sont en outre invités à numéroter leurs chambres ou appartements meublés.

109. Il est défendu aux maîtres d'hôtel et logeurs d'inscrire sciemment, sur leurs registres, sous des noms faux ou supposés les personnes logées chez eux. La contravention à cette défense est punie d'un emprisonnement de six jours au moins et d'un mois au plus.

110. Il leur est interdit de donner retraite aux vagabonds et gens sans aveu, de louer aucune chambre à des filles publiques et de les recueillir chez eux (11 septembre 1840.)

111. Défense leur est faite de tenir leurs maisons ouvertes après les heures de fermeture indiquées par les règlements. Lorsqu'un arrêté municipal a fixé l'heure à laquelle doivent être fermées les auberges de la commune, les aubergistes sont en contravention même quand les personnes étrangères trouvées à une heure prohibée n'y auraient été reçues que par des pensionnaires de cette auberge et dans leurs chambres particulières. (A. C. 24 décembre 1824.) Ils peuvent néanmoins recevoir, à toute heure de nuit les voyageurs qui se présentent chez eux pour y loger.

112. Lorsqu'un aubergiste ou maître d'hôtel garni cesse d'exercer cette profession, il doit en faire immédiatement la déclaration à la mairie et y déposer son registre.

Mentionnons en outre les dispositions légales ci-après :

113 Les aubergistes, maîtres d'hôtel et logeurs sont responsables, comme dépositaires, des effets apportés par le voyageur qui loge chez eux : le dépôt dans ce cas, est regardé comme nécessaire ; mais cette responsabilité est limitée à 1.000 francs, pour les espèces monnayées et les valeurs ou titres au porteur de toute nature non déposées réellement entre les mains des aubergistes ou hôteliers. (Loi du 18 avril 1889.)

Ils sont aussi responsables du vol ou du dommage des effets du voyageur, soit que le vol ait été fait ou que le dommage ait été causé par les domestiques ou les préposés de la maison, ou par des étrangers allant et venant dans l'hôtel (C. civ., art., 1952 et 1953 ; mais ils ne sont pas responsables des vols faits avec force armée ou autre force majeure. (C. civ., art. 1954.) Les aubergistes et hôteliers sont passibles de la réclusion s'ils volent les objets qui leur sont confiées à ce titre. (C. P. art. 386.)

114. Ils ont un privilége pour le payement de leurs fournitures sur les effets du voyageur transportés dans leur auberge. (C. civ., art. 2102, n° 5) L'action qu'ils peuvent exercer contre leurs débiteurs à raison du logement et de la nourriture qu'ils fournissent se prescrit par six mois. (C. civ., art. 2271.)

115. *Sages-femmes.* — Les formalités imposées aux logeurs de profession ne sont pas applicables aux sages-femmes, à l'égard des femmes enceintes qu'elles reçoivent chez elles. (A. C. 22 août 1845.)

116. Le préfet ne peut assujettir les sages-femmes à inscrire sur un registre les personnes qui séjournent chez elles pour y faire leurs couches. (A. C. 18 juin et 12 septembre 1846.)

Bals.

117. Le cabaretier, chez lequel un bal est donné est passible d'amende si ce bal se prolonge au delà de l'heure assignée pour la fermeture des lieux publics. Et le lieu ne cesse pas d'être public, dans le sens du règlement, par le motif que le local du café avait été loué pour la soirée à une société dont les membres étaient

seuls admis. Le cafetier alléguerait à tort le fait de cette location pour prétendre que le bal devait être réputé ne pas être donné par lui, son consentement le rendant auteur de la contravention. (A. C. 30 avril 1846.)

118. Mais le maître d'un café n'est passible d'aucune peine lorsqu'il a obtenu l'autorisation spéciale et par écrit du maire de faire danser, sur un avis conforme du préfet qui avait rendu l'arrêté. (A. C. 2 octobre 1852.)

119. Le maître d'hôtel qui n'est ni cafetier ni cabaretier peut, sans contrevenir à un arrêté préfectoral fixant les heures d'ouverture et de fermeture des débits de boissons, laisser ouvertes, après l'heure réglementaire, les portes de son établissement à l'occasion d'un bal auquel n'assistent que des invités, et cela quand même des rafraîchissements eussent été servis aux personnes faisant partie de cette réunion. (A. C. 2 octobre 1879.)

120. Le maire peut, en vertu des pouvoirs de police qui lui appartiennent, décider que les danses publiques auront lieu désormais sur un emplacement spécial et les interdire dans les établissements publics. (Cons. d'Etat, 14 août 1865.)

121. Il peut également réglementer les danses dans les établissements ouverts au public, comme sur les places publiques. (A. C. 4 mai 1861.)

122..... Ou interdire l'ouverture des bals publics sans son autorisation préalable. (A. C. 2 mai 1866. Loi du 24 août 1790 et 22 juillet 1791.)

123. Est légal l'arrêté par lequel un maire,

agissant dans l'exercice de ses attributions dé-
finies par l'art. 97 de la loi du 5 avril 1884,
prescrit, dans le but de favoriser la surveillance
de la police pendant une fête patronale, qu'il
n'y aura dans toute la commune qu'un seul
bal public et que ce bal aura lieu dans un en-
droit déterminé. (Cass. du 24 février 1889.)

124. Est illégal l'arrêté par lequel un maire
prescrit à l'occasion d'une fête patronale, qu'il
n'y aura dans la commune qu'un seul bal et en
confie en même temps l'organisation au chef de
la musique municipale, à l'exclusion de tous autres. Cet arrêté créé en faveur d'une personne
déterminée une situation privilégiée qu'un
arrêté de police ne peut légalement accorder et
protéger. (Cass. du 23 fevrier 1889.)

Cafés-Concerts.

125. Les cafés-concerts sont soumis aux
règlement de police.

126. Tout chant contraire à l'ordre ou à la
morale publique doit être sévèrement interdit.
Un duplicata du programme de chaque concert
doit être communiqué à l'autorité, et une cir-
culaire du 27 novembre 1872 recommande d'éli-
miner scrupuleusement les chansons obscènes,
les saynètes graveleuses et tous les divertissements pouvant porter atteinte à la morale ou à
l'ordre public.

127. Le maire peut défendre toute espèce de
chants ou de musique vocale dans les cafés.
(A. C. 12 juin 1846) : il peut également défendre
aux cafetiers de tenir à poste fixe des chanteurs

et des musiciens dans leur établissement. (A. C. 5 décembre 1846.)

128. Les spectacles-concerts qui peuvent être annexés aux cafés restent soumis au régime de l'autorité municipale. (A. C. 13 juillet 1893.)

Jeu de hasard.

129. On appelle jeu de hasard ceux où la chance, le hasard procure le gain ou du moins y contribue dans une très forte proportion, et où, bien entendu, l'enjeu consiste en une somme d'argent : tels sont : le lansquenet, la roulette la bouillotte, l'écarté, etc. C'est, au surplus, aux tribunaux qu'il appartient de déterminer si tel ou tel jeu est un jeu de hasard, la loi n'ayant pas fait d'énumération.

130. Les jeux de hasard ont des conséquences funestes : ceux qui perdent y rencontrent la ruine ; ceux qui gagnent s'adonnent à l'oisiveté.

131. On ne peut considérer comme jeux de hasard que ceux auxquels le hasard seul préside. Ainsi ne sont pas considérés comme jeux de hasard : l'écarté (Cass. 31 juillet 1863) ; la mouche (Cass. 18 février 1858) ; le piquet (Cass. 8 janvier 1857 ; le jeu de billard dit jeu de poule (Cass. 9 novembre 1861) ; le jeu de quilles. (Cass. 26 mai 1855.)

132. Non seulement la législation française a déclaré qu'aucune action n'était accordée pour une dette de jeu ou pour le payement d'un pari (art. 1965 du Code civil), mais elle punit de peines plus ou moins sévères ceux qui tiennent des jeux.

133. La loi distingue la tenue de jeux clandestins de la tenue de jeux publics

134. Elle punit plus sévèrement la tenue de jeux clandestins que la tenue de jeux publics, à cause de la difficulté de surveillance qui existe pour les premiers. Aux termes de l'art. 410 du Code pénal. ceux qui ont tenu une maison de jeu de hasard et y ont admis le public, soit librement. soit par la présentation des intéressés ou affiliés, les banquiers de cette maison, tous ceux qui ont établi ou tenu des loteries non autorisées par la loi, tous administrateurs, préposés ou agents de ces établissements, sont punis d'un emprisonnement de deux mois au moins et six mois au plus, et d'une amende de 100 à 6.000 fr. Les coupables peuvent, de plus, être, à compter du jour où ils auront subi leur peine, interdits pendant cinq ans au moins et dix ans au plus de certains droits civiques, civils et de famille mentionnés en l'art. 42 du Code pénal. Dans tous les cas. les fonds ou effets qui sont trouvés exposés au jeu ou mis à la loterie, les meubles. instruments, ustensiles, appareils employés ou destinés au service des jeux ou loteries, les meubles et les effets mobiliers dont ces lieux sont garnis ou décorés. doivent être saisis.

135. Le simple joueur n'est pas puni.

136. Quant aux jeux publics. l'art. 475 du Code pénal punit d'une amende de 6 à 10 fr. tous ceux qui établissent ou tiennent, dans les rues, chemins, places ou lieux publics, des jeux de loterie ou d'autres jeux de hasard. De plus, d'après l'art. 477, les tables, instruments, appareils des jeux ou des loteries sont saisis et con-

fisqués, ainsi que les enjeux les fonds, denrées, objets ou lots proposés aux joueurs.

137. L'art. 477 du Code pénal soumet à la confiscation les tables sur lesquelles des jeux de hasard ont été établis, sans distinguer si elles appartiennent au condamné ou à un tiers étranger au délit et s'il s'agit d'un fait continuel ou accidentel.

138. En cas de récidive, les personnes indiquées ci-dessus sont punies, outre l'amende, d'un emprisonnement de six jours à un mois et d'une amende de 16 à 200 fr. (C. P., art. 478.)

139. L'autorité municipale a le devoir de réglementer, dans l'intérêt du bon ordre, tous les jeux publics non prohibés, de déterminer quels sont, suivant les localités, les jeux de commerce qu'ils jugent sans inconvénients de laisser jouer dans les lieux publics et de les défendre indistinctement dans tous les établissements où ils ne les auraient pas expressément autorisés. (A. C. 22 avril 1837 et 28 mai 1841.)

140. Il a été jugé également que l'autorité municipale a le droit d'interdire tous jeux de cartes dans les cabarets ou cafés (A. C. du 29 décembre 1865), ou désigner les jeux qui y sont seul permis. (A. C. 19 janvier et 22 avril 1873.)

Extrait de la loi du 23 janvier 1873

141. *Ivresse, mineurs*. — Seront punis d'une amende de 1 à 5 francs inclusivement les cafetiers, cabaretiers ou autres débitants de boissons qui auront donné à boire à des gens manifestement ivres, ou qui les auront reçus dans leurs établissements, ou auront servi des liqueurs alcooliques à des mineurs âgés de moins de 16 ans accomplis.

Toutefois, dans le cas où le débitant sera prévenu d'avoir servi des liqueurs alcooliques à un mineur âgé de moins de 16 ans accomplis, il pourra prouver qu'il a été induit en erreur sur l'âge du mineur ; s'il fait cette preuve, aucune peine ne lui sera applicable de ce chef.

Les art. 474 et 483 du Code pénal seront applicables aux contraventions indiquées aux paragraphes précédents. (Art. 4.)

142. Seront punis d'un emprisonnement de six jours à un mois et d'une amende de 16 à 300 fr., les cafetiers, cabaretiers et autres débitants qui, dans les douze mois qui auront suivi la deuxième condamnation prononcée en vertu de l'art. 4 précité, auront commis un des faits prévus audit article.

Quiconque, ayant été condamné en police correctionnelle pour l'un ou l'autre des mêmes faits depuis moins d'un an, se rendra de nouveau coupable de l'un ou l'autre de ces faits, sera condamné au maximum des peines indiquées au paragraphe précédent, lesquelles pourront être portées jusqu'au double. (Art. 5.)

143. Toute personne qui aura subi deux condamnations en police correctionnelle pour l'un ou l'autre des délits prévus en l'art. 5 qui précède, pourra être déclarée, par le second jugement incapable d'exercer tout ou partie des droits suivants : 1° de vote et d'élection ; 2° d'éligibilité ; 3° d'être appelé ou nommée aux fonctions de juré ou d'autres fonctions publiques, ou aux emplois de l'administration, ou d'exercer ces fonctions ou emplois ; 4° de port d'armes pendant deux ans, à partir du jour où la condamnation sera devenue irrévocable. (Art. 6.)

144. Sera puni d'un emprisonnement de six jours à un mois et d'une amende de 16 à 300 fr. quiconque aura fait boire jusqu'à l'ivresse un mineur âgé de moins de 16 ans accomplis.

Sera puni des peines portées aux articles 5 et 6 tout cafetier, cabaretier ou autre débitant de boissons qui, ayant subi une condamnation en vertu du paragraphe précédent se sera de nouveau rendu coupable soit du même fait, soit de l'un ou l'autre des faits prévus en l'art. 4, 4°, cité plus haut, dans le délai indiqué en l'art. 5, 2°, reproduit ci-dessus. (Art. 7.)

145. Le tribunal correctionnel, dans les cas prévus ci-dessus, pourra ordonner que son jugement soit affiché à tel nombre d'exemplaires et en tels lieux qu'il indiquera. (Art. 8.)

146. L'art. 463 du Code pénal sera applicable aux peines d'emprisonnement et d'amende portées par la loi du 23 janvier 1873. L'art. 59 du même Code ne sera pas applicable aux délits prévus par ladite loi. (Art. 9.)

147. Les procès-verbaux constatant les infractions prévues dans les articles cités ci-dessus sont transmis au procureur de la République dans les trois jours au plus tard, y compris celui où aura été reconnu le fait sur lequel ils sont dressés. (Art. 10.)

148. Le texte de la loi du 23 janvier 1873 doit être affiché à la porte de toutes les mairies et dans la salle principale de tous cabarets, cafés et autres débits de boissons. Un exemplaire en a été remis à cet effet à tous les cabaretiers, cafetiers et autres débitants de boissons. Toute personne qui aura détruit ou lacéré le texte affiché sera condamnée à une amende de 1 à 5 fr. et aux frais du rétablissement de l'affiche. Sera puni de même tout cabaretier, cafetier ou débitant chez lequel ledit texte ne sera pas trouvé affiché. (Art. 12.)

149. Les gardes champêtres sont chargés de rechercher, concurremment avec les autres officiers de police judiciaire, chacun sur le territoire duquel il est assermenté, les infractions à la présente loi. Ils dressent des procès-verbaux pour constater ces infractions. (Art. 13.)

150. *Mineurs*. — Le cabaretier qui sert des boissons alcooliques à plusieurs mineurs de 16 ans accomplis ne commet qu'une seule contravention et ne doit, dès lors, encourir qu'une seule amende. (A. C. du 15 mars 1879 et loi du 23 janvier 1873.)

151. Mais il y a autant de contraventions que d'individus pour avoir donné à boire jusqu'à l'ivresse à plusieurs mineurs. (A. C. du 27 janvier 1877.)

152. Un arrêté municipal peut défendre de donner à boire à des mineurs de moins de 21 ans. (A. C. 8 février 1877.)

153. Dans le cas de contravention à la défense de donner à boire aux mineurs, le cabaretier ne peut être excusé en considération que le fait aurait eu lieu pendant son absence. (A. C. 29 août 1858.)

154. .... Ni sous le prétexte que ceux-ci se seraient furtivement glissés dans son cabaret. (A. C. 29 août 1863.)

155. Le fait, par un enfant de moins de 16 ans, de s'être introduit dans un cabaret ou établissement de bals, ne peut donner lieu à des poursuites contre lui et ses parents considérés comme civilement responsables, mais bien uniquement contre le cabaretier ou l'entrepreneur de bals. (A. C. 31 mars 1855.)

156. *Ivresse.* — Dans le cas de contravention à la loi sur l'ivresse, le juge ne peut admettre l'excuse de ce que le cafetier ou cabaretier n'aurait pas remarqué l'état d'ivresse du consommateur. (A. C. 30 novembre 1860.)

157. .... Ni l'excuse tirée de cette circonstance que la foule qui encombrait le débit était très considérable et qu'il était impossible au débitant de discerner les gens ivres de ceux qui ne l'étaient pas. (A. C. 2 juin 1864.)

158. Les dépendances d'un cabaret, telles qu'un jeu de quilles, etc., sont, comme l'établissement lui-même, soumises aux mesures qui prescrivent l'expulsion des gens en état d'ivresse. (A. C. 2 juin 1855.)

TABLE DES MATIÈRES

Paris. — Imp. LÉAUTEY, rue St-Guillaume. 24.

Paris. — Imp. Léautey, rue St-Guillaume. 24.

www.ingramcontent.com/pod-product-compliance
Ingram Content Group UK Ltd.
Pitfield, Milton Keynes, MK11 3LW, UK
UKHW020034080726
13614UKWH00004B/1746